51.
Lib 1760.

Distribution
DES MÉDAILLES

DESTINÉES A RÉCOMPENSER

LES SERVICES RENDUS AUX CHOLÉRIQUES,

DANS

LE 12° ARRONDISSEMENT DE LA VILLE DE PARIS.

COMPTE RENDU

DE

La Séance solennelle

Tenue le 28 Mars 1833,

POUR LA

DISTRIBUTION DES MÉDAILLES

DESTINÉES A RÉCOMPENSER LES SERVICES RENDUS AUX CHOLÉRIQUES,

Dans le 12ᵉ Arrondissement de la Ville de Paris.

Se vend 1 franc,

AU PROFIT DES PAUVRES,

A la Mairie du 12ᵉ Arrondissement, rue St-Jacques, n° 262.

———

IMPRIMERIE DE LEBÈGUE, RUE DES NOYERS, N° 8.

1833.

SÉANCE

SOLENNELLE,

POUR

La Distribution des Médailles,

Dans le 12ᵉ Arrondissement.

———⊙⊙⊙⊙⊙———

Le Jeudi 28 Mars 1833, à trois heures et demie, a eu lieu, en Séance solennelle, la distribution des Médailles destinées à récompenser les services rendus aux Cholériques, dans le 12ᵉ Arrondissement ;

Ont pris place au Bureau, MM. les Membres de la Commission d'arrondissement, dont les noms suivent :

MM. SALLERON (Augustin), *Maire, Président de la Commission,*
BOISSEL, *Adjoint,*
BROUSSAIS,
GEOFFROY St-HILAIRE,
HUSSON,
PARISET,
TREMERY,
LEURET, *Secrétaire.*

MM. Blondeau et Serres, Membres de la Commission, étaient absens.

Après avoir ouvert la Séance, M. le Président s'exprime en ces termes :

Messieurs,

Nous sommes chargés, par l'Autorité supérieure, de rendre aujourd'hui un public hommage au zèle philanthropique, à l'admirable dévouement des généreux Citoyens qui ont rendu tant de services à l'humanité, pendant la durée de l'épidémie Cholérique de l'année dernière.

Jamais devoir ne fut plus selon notre cœur. Pénétré de reconnaissance envers les personnes qui nous ont prêté, dans cette pénible circonstance, le concours si efficace de leur zèle et de leurs lumières, nous éprouvons depuis long-temps le besoin de la leur exprimer, et de leur dire combien nos sentimens de gratitude sont partagés par la population toute entière.

Nous sommes arrivés à cet heureux instant. Toutefois, nous éprouvons un bien vif regret, quand nous considérons combien les récompenses offertes sont au-dessous des services rendus, et quand nous nous trouvons dans l'impossibilité de décerner une égale récompense à nos Concitoyens, qui ont payé un tribut égal à la cause de l'humanité.

La nécessité de limiter le nombre des Médailles votées par la Ville de Paris, a réduit à quatre-vingt-cinq le nombre de celles destinées au douzième arrondissement; et combien est grande la différence de ce nombre avec celui des personnes qui ont acquis les mêmes droits à cette récompense!

Que celles de ces personnes qui ne sont point appelées à recevoir ces Médailles se rassurent, la reconnaissance publique a proclamé leurs noms depuis long-temps; elle les place au rang des bienfaiteurs de l'humanité, et, tant que durera le souvenir de la déplorable et funeste invasion du Choléra, on se rappellera les immenses services qu'elles ont rendus.

Il y a un an, à pareille époque, que déjà se déployait ce voile funèbre qui devait couvrir la Capitale, pour ne disparaître qu'après avoir laissé plus de vingt mille familles dans le désespoir. Il est pénible de rappeler d'aussi tristes souvenirs; mais il est cependant bien doux, bien consolant, de retracer toutes les actions généreuses qui ont honoré nos Concitoyens, le sublime dévouement avec lequel ils sont venus au secours des malheureux sur lesquels le fléau destructeur semblait exercer plus particulièrement ses ravages.

Dans toutes les classes de la société, dans tous

les âges, dans toutes les fortunes, nous avons trouvé la plus noble sympathie.

L'épidémie ne régnait encore que sous un ciel étranger, et déjà des mesures de salubrité publique furent prises, avec autant de zèle que de sagacité, par des Citoyens notables et des hommes de l'art, qui se firent admettre à l'envi dans les Commissions sanitaires organisées dans chaque quartier.

On sait quels heureux résultats amenèrent leurs intéressans travaux.

Par leurs soins, nos quartiers furent assainis et désinfectés, et on vit disparaître l'élément pernicieux qui eût pu ajouter à l'intensité de l'épidémie, et en favoriser le développement.

A peine quelques cas isolés de Choléra, précurseurs d'une invasion générale, avaient-ils été signalés à l'attention publique, que MM. les Médecins vinrent, avec le plus grand empressement, nous offrir le concours de leur talent et de leur zèle philanthropique.

MM. les Élèves en médecine accoururent en foule se faire inscrire sur nos listes, réclamèrent le périlleux honneur d'assister MM. les Médecins, dans l'accomplissement des devoirs qu'ils s'imposaient, et l'honorable privilége d'être chargés jour et nuit du service médical dans les bureaux de secours.

Beaucoup de personnes généreuses vinrent en outre déposer leurs offrandes, soit en argent, soit en objets de literie, d'habillement, destinés aux malades les plus nécessiteux.

Tant d'empressement à conjurer le malheur général, donnait l'espoir bien fondé de voir l'épidémie arrêtée dans sa course désastreuse; cet espoir s'est réalisé : une immense quantité de malades furent arrachés à la mort, le mal diminua d'intensité, la santé publique s'améliora bientôt d'une manière remarquable; l'effroi et la consternation générale dans lesquels l'épidémie trouvait un aliment de plus, firent bientôt place à l'espérance, à la sécurité.

Grâces en soient rendues aux amis de l'humanité, qui ont tant fait pour elle, dans ces jours de deuil, et particulièrement à ceux dont les noms vont être proclamés dans cette enceinte. Honneur surtout à ces jeunes Élèves qui se destinent à l'art de guérir: ils ont marqué leurs premiers pas dans cette belle carrière, par une générosité, un désintéressement, une élévation d'âme, un courage dignes des plus grands éloges. Tant de vertus, jeunes Élèves, recevra sa récompense; ce que vous avez fait dans ces tristes circonstances, nous dit assez ce que l'humanité, ce que la société peuvent attendre de vous, avec quelle distinction vous exercerez l'art difficile auquel vous vous consacrez. La Patrie aussi peut compter sur vous; car c'est à la noblesse de vos actions, à l'élévation de votre caractère, que l'on reconnaît les bons Citoyens.

Malgré tous vos efforts, et les immenses bienfaits dont nous vous sommes redevables, il était impossible que l'épidémie ne laissât point de funestes traces, que nous n'eussions point beaucoup de larmes à essuyer : l'époux avait perdu son épouse, de jeunes enfans, devenus orphelins, étaient restés sans appui.

Ce ne fut point en vain qu'un appel fut fait à la générosité publique ; et nous offrons ici l'hommage de notre gratitude et de celle des malheureux, aux personnes qui se sont faites leur bienfaitrices, aux dispensateurs des secours fournis par le bureau de bienfaisance; enfin aux Dames qui accoururent spontanément au secours des orphelins, les prirent sous leur égide tutélaire, et qui, par un zèle aussi louable qu'ingénieux, assurèrent un avenir et de nouveaux appuis à ces intéressantes victimes.

Honneur à nos Concitoyens ! Si le nom de tous n'est point empreint sur le bronze, tous ont néanmoins des droits égaux à la reconnaissance publique, et leurs noms resteront indistinctetement gravés dans tous les cœurs.

La parole est ensuite accordée à M. LEURET, qui prononce le Discours suivant :

MESSIEURS,

Nous venons d'éprouver une grande calamité. Nous avons été témoins d'une épidémie qui a jeté l'épouvante dans cette capitale, et dont le passage est marqué par de nombreuses victimes. Aucune classe de la société qui n'ait fait des pertes irréparables, aucun de nous qui n'ait été frappé dans ses parens ou dans ses amis. L'âge n'a préservé personne : des enfans, des chefs de famille, des viellards ont succombé. Le sexe le plus faible paraissait jouir d'une certaine immunité : il a eu ses jours de malheur, qui, pour être arrivés plus tard, n'en ont pas été moins funestes. Des maisons, j'allais dire des rues tout entières ont été privées, par la mort, de la presque totalité de leurs habitans. Nous avons vu des hommes dont le courage nous avait semblé jusqu'alors au-dessus des revers, se laisser abattre à la première apparition du mal; d'autres que la frayeur avait rendus stupides; d'autres encore, dans les calamités publiques ils ne manquent jamais, d'autres qui comptaient pour heureux les jours des plus nombreuses funérailles, qui faisaient germer des idées de vengeance, d'empoisonnement, dans l'espoir d'exciter une sédition, et d'accourir ensuite sur les débris de la ville, se partager les dépouilles de leurs crédules victimes.

Mais si nos yeux ont été frappés de ces affligeans tableaux, si nous avons frémi à l'aspect de tant de dégradation et de misère, nous avons eu, pour soutenir et consoler nos âmes, des exemples sans nombre d'une abnégation totale, d'un dévouement, d'un courage héroïques. La vertu qui se montre ainsi au milieu du danger, brille d'un éclat céleste ; elle révèle à l'homme tout ce qu'il a dans le cœur, de générosité, de bienfaisance et d'amour ; elle le met au-dessus de la douleur, puisqu'il peut la supporter sans murmure ; au-dessus de la mort, puisqu'il peut l'attendre sans en être troublé.

Il m'est bien doux, Messieurs, d'avoir à vous parler aujourd'hui des moyens qui ont servi à diminuer les rigueurs du fléau qui a frappé sur nous, de retracer à votre souvenir tant de belles actions dont vous avez été témoins, de signaler à votre reconnaissance le nom de ceux qui se sont dévoués pour leurs concitoyens. Je vais entreprendre cette tâche, comptant sur votre indulgence, pour suppléer à ce que ma faiblesse laissera d'imparfait.

Le Choléra, né sur les bords du Gange,

semblait appartenir au terrain fangeux du Delta indien, où, presque tous les ans, il fait des ravages considérables. Des émanations marécageuses, une chaleur brûlante, pendant le jour, et des nuits froides, une grande incurie, l'ignorance, ou l'oubli de tous soins hygiéniques, telles étaient les causes auxquelles on attribuait son développement. Mais, vers l'année 1817, il sévit avec une fureur inaccoutumée, il s'étendit dans presque toutes les directions, et, à la grande surprise de ceux qui l'avaient étudié avec le plus de soin, le nord du continent asiatique ne fut pas épargné; tous les ans, nouvelle extension, nouveaux ravages. Enfin il menace l'Europe de son envahissement; il est sur les bords orientaux de la Méditerranée.

Un homme qui avait suivi sa marche, qui l'avait vu monter jusqu'à une latitude parallèle à la nôtre, dans des climats et sur des terrains analogues à ceux que nous habitons, nous avertit, dès-lors, qu'il fallait être sur nos gardes. Sentinelle avancée, lorsque nous étions tous dans une sécurité profonde, il nous disait les progrès du mal, et nous prévenait qu'aucune barrière n'avait pu l'arrêter. Ses présages sinistres ne furent pas entendus, et bientôt la maladie faisant quelques pas rétrogrades, sembla donner raison à notre imprévoyance : mais l'imprévoyance n'a jamais raison, le danger ne s'éloigne pas, parce qu'on le dédaigne. On apprit bientôt que le Choléra avait franchi la mer Caspienne, qu'il se répandait dans l'empire de Russie.

C'était l'époque, époque d'espérance et de gloire, où les enfans de la Pologne redemandaient une patrie. Nous qui les comptions au nombre de nos plus braves soldats, lorsque nos soldats nous avaient rendus les maîtres de l'Europe, nous avions foi dans le succès de leurs armes. Un peuple de héros se levant tout entier au nom de la liberté, devait rester vainqueur. Nous le disions alors, et déjà une lutte à jamais mémorable s'était engagée, dans laquelle la victoire restait incertaine. La cause de la justice était menacée, le colosse envoyé contre elle avançait péniblement, avec lenteur, mais il avançait, réparant ses forces aussitôt qu'elles étaient détruites.

Tout-à-coup on apprend qu'un nouvel ennemi s'est fait l'auxiliaire des troupes destinées à soumettre la Pologne. C'est le Choléra : il n'épargne ni l'âge, ni le rang ; on ne peut prévenir ses atteintes ; il frappe de mort ceux qu'il touche : s'il pénètre dans les rangs polonais déjà si peu nombreux, c'en est fait, nos frères ont succombé. Contre un pareil malheur n'aurons-nous que des larmes ? France, France, au secours ! Que tes médecins aillent faire, en ton nom, un acte d'humanité ! Et soudain, c'est à qui partira le premier, c'est à qui, le premier, se rendra sur ces champs d'honneur et de mort, d'où la Pologne fait monter jusqu'aux cieux ses cris de Liberté !

Je ne dirai pas le nom de ceux qui ont été choisis; de ceux, bien plus nombreux, qui auraient voulu l'être. Tous ont fait leur devoir : honneur à tous! Je ne parlerai que d'un seul, parce qu'il appartenait à notre arrondissement, parce qu'il manque à notre solennité.

Legallois, dont le père, mort à la fleur de l'âge, avait enrichi la science médicale de nombreux travaux; Legallois, très-jeune, et déjà médecin habile, est parti dès le commencement de la guerre de Pologne, pour soigner les Polonais blessés, et pour étudier le Choléra. Victime d'un zèle que les braves eux-mêmes ne se lassaient pas d'admirer, il est tombé malade. Après avoir été plus d'un mois près de succomber, l'espérance de revoir sa patrie et d'embrasser sa mère, lui donnait quelque force. Il s'est mis en route; mais, hélas! il n'a pu supporter les fatigues du voyage; il est mort sur le sol étranger.

Il savait, avant son départ, quels dangers il allait courir; mais son amour de l'humanité les lui avait fait envisager avec joie. Regrettons qu'une vie si pleine d'espérance ait duré si peu; et puissent les honneurs donnés à sa mémoire, rendre moins déchirans les regrets de sa mère!

Après avoir contribué à la ruine de la Pologne, le Choléra continuait de s'avancer vers les parties occidentales de l'Europe : chaque jour il faisait de nouveaux envahissemens; il se répandait dans toute l'Allemagne; il était en Angleterre; il nous entourait presque de toutes parts, et l'on s'attendait, d'un moment à l'autre, à apprendre qu'il avait franchi nos frontières, lorsque, tout-à-coup, se répandit la sinistre nouvelle qu'il était à Paris.

A cette nouvelle, qui n'a pas été saisi d'effroi? Qui n'a pas tremblé pour la vie de ses parens, de ses amis? Qui n'a pas envisagé, dans un avenir de quelques jours peut-être, la désolation et la mort répandues dans toutes les parties de la ville, et, à leur suite, les crimes nombreux qui ont si souvent accompagné les grandes épidémies?

Une maladie si meurtrière avec une population si nombreuse! Une cause si puissante de désordre avec une si grande misère! Et pourtant, nos malheurs ont été moins grands que nos prévisions. C'est qu'une Providence veillait sur la ville, et que cette Providence s'est multipliée en raison des besoins. Active, infatigable, elle a donné aux malades des remèdes, aux pauvres des alimens, à tous des consolations et de l'espoir. Il est impossible de décrire avec quel empressement les bons citoyens sont venus au secours des infortunés : l'or passait des mains du riche, dans celles du pauvre; le pauvre lui-même était prodigue, en faveur des malades. Une femme, nous l'avons vue nous-même, une femme presque dans la misère, est venue apporter en offrande ce qu'elle avait retranché sur sa nourriture de la veille, ce qui était le prix d'une nuit de travail. Offrande modeste, mais précieuse, puisse la main qui t'a présentée, recevoir une récompense qui soit digne de toi !.....

Dans le cours de l'épidémie vous avez été, comme nous, témoins de ce que peut l'héroïsme de la vertu. Là, c'est le dévouement d'un ami, d'un frère, que n'arrêtent ni l'excès des fatigues, ni la longueur des veilles, ni la crainte de contracter les germes d'une maladie qui, dans quelques heures, peut les emporter. Là, c'est un père déjà malade, qui, pendant tout le jour, se livre aux plus rudes travaux, pour subvenir aux besoins de sa famille expirante, et qui passe les nuits à lui prodiguer des soins.

Et chez les femmes, ordinairement faibles et timides, quel oubli de tout danger, quelle activité, quelle présence d'esprit auprès des malades! quelle grandeur d'âme! et, après le plus affreux malheur, quelle résignation! Une femme avait souffert autant qu'on peut souffrir : mère, elle avait perdu ses enfans; épouse, son mari était gisant près d'elle, et mort depuis trois jours : elle encore vivante, mais épuisée de fatigues, mais déchirée par des crampes atroces. Seule, pauvre, couchée sur un grabat, nous voulions l'arracher à ce lieu de douleur, la consoler, la guérir. « Quand on aura enlevé mon pauvre » homme, nous répondit-elle, on fera de moi » ce qu'on voudra; mais je ne veux pas le » quitter.» Le lendemain ses maux avaient fini.

Ce n'est pas seulement dans leur famille et

parmi leurs amis que les malades ont trouvé des secours; beaucoup de personnes se sont offertes et sont accourues pour les soigner et les servir. La diversité des croyances ou des opinions, la distance des rangs, l'inégalité des fortunes, rien n'a pu arrêter ou affaiblir les élans de la bienfaisance; plus le mal était grand, plus la charité faisait de prodiges pour en tarir la source.

Une mère de famille venait de succomber après quelques heures de maladie, elle était dans le plus entier dénuement, et laissait, sans appui, quatre enfans en bas âge. Sa voisine, misérable comme elle, comme elle mère de famille, receuille ces orphelins, et leur partage le pain qu'elle gardait pour ses propres enfans. J'ai parlé de prodiges : c'en est un pour nous, qu'une pareille adoption. Chez les pauvres, elle n'a rien qui étonne; car dans cette classe, qui reste au bas de l'échelle sociale, on donne la moitié de sa subsistance, de sa vie, aussi facilement que, dans la classe élevée, on donne une portion de son superflu.

J'ai hâte de le dire cependant, de crainte qu'on ne prête à mes paroles un sens accusateur, les riches ont beaucoup fait : leurs dons volontaires ont fourni presque entièrement aux secours de toute espèce distribués aux indigens; ils procurent déjà à un grand nombre d'orphelins, et préparent à tous, un asile contre la misère, une éducation vertueuse, une profession utile à chacun d'eux, et profitable à la société.

Parmi les bienfaiteurs des pauvres, et au premier rang, se sont placés les Médecins. Me sera-t-il permis de le proclamer dans cette enceinte, et ne vaudrait-il pas mieux laisser à d'autres le soin de les louer? Pourquoi cette retenue, et qui pourrait me blâmer de faire l'éloge de mes confrères, lorsque leur éloge est dans toutes les bouches? Qui ne sait leur dévouement, leur courage? Écoutez, leurs actions sont vivantes, et parlent de toutes parts. Craignez plutôt qu'habitué à les voir sacrifier et leur temps et leurs veilles pour assurer le bien-être de leurs semblables, je n'aie pas été, comme vous, frappé de leur belle conduite pendant la durée de l'épidémie, et que je ne me taise sur les choses qui ont le plus excité votre admiration.

Avant le danger, et par la prévoyance de nos Magistrats, des Commissions avaient été instituées pour veiller à la santé publique, exhorter les habitans à faire disparaître tout ce qui pouvait rendre leurs maisons insalubres, indiquer à l'Autorité quelles mesures générales de salubrité il convenait de prendre. Dans ces Commissions, les Médecins avaient, pour collaborateurs, des Pharmaciens, des Architectes et des Citoyens notables.

Par leurs soins, toute la ville avait été visitée, et des rapports sur le résultat des visites avaient été remis à l'Administration. Ces rapports feront époque dans les annales de notre civilisation : ils constatent, pour le temps actuel, l'état hygiénique de Paris, indiquent les améliorations que l'on doit y apporter, dans le but de protéger la santé, de rendre la vie plus longue, d'en éloigner les infirmités, et de diminuer, sinon de détruire entièrement, l'influence malfaisante de certaines professions.

Dans plusieurs quartiers, les visiteurs n'ont eu qu'à admirer la somptuosité des appartemens, l'abondance de tout ce qui sert à l'entretien de la vie. Chez nous, au contraire, la plus grande pauvreté affligeait les regards. Plus de vingt-cinq mille indigens, logés tantôt sous un toit qui les abrite à peine contre la pluie, qui les laisse exposés à la gelée de l'hiver, au soleil de l'été ; tantôt dans des demeures souterraines et toujours humides ; pressés, entassés, couchant sur des chiffons, sur de la paille, sur le carreau ; privés de couvertures, quelquefois d'habits ; pouvant se rassasier quand ils ont du travail, quand la charité est venue à leur aide ; sans cela, vivant de privations et de larmes...... Quelle moisson pour la Mort ! Et pour combattre l'épidémie, qui osera venir ?

Ne craignez pas que le courage s'effraie. A peine le Choléra a-t-il frappé ses premières victimes, que déjà les Commissions sont réunies, et qu'elles organisent, pour chaque quartier, un poste dans lequel, à toute heure du jour et de la nuit, on trouvera des secours. Les Commissions ne suffiront pas à tous les besoins : avant même d'être appelés, les Médecins étrangers à ces Commissions viennent partager les travaux de leurs confrères. C'est alors que nous avons vu accourir et ceux qui sont dans la force de l'âge, et ceux que la vieillesse dispensait de si grandes fatigues. Tous agissent de concert, ils s'entendent pour que des secours soient donnés aux Cholériques aussitôt l'apparition des premiers symptômes. Ils savent ce qu'un instant de retard peut avoir de funeste : cette pensée redouble leur vigilance : on les trouve partout, et partout ils portent les mêmes soins, la même sollicitude. L'épidémie augmente d'intensité, nous sommes entourés de mourans, il faut de nouvelles ressources ; le zèle grandit encore : on aurait dit qu'à des maux infinis, l'homme avait trouvé le moyen d'opposer une force inépuisable.

Vous nous avez cruellement détrompés, vous tous, nos confrères et nos amis, dont nous avons à déplorer la perte. La force a manqué à votre courage, le temps à votre amour de la science et de l'humanité. Vous êtes morts comme il est beau de mourir ; mais pourquoi si tôt ? Long-temps encore nous avions besoin d'apprendre de vous-mêmes comment nous devons vivre, de nous instruire dans les secrets de la nature, que vous aviez pénétrés.

Savant et respectable Laugier ! C'est en vain

que nos yeux vous cherchent, que nos voix vous appellent! Vous étiez avec nous, lorsqu'il s'agissait de prendre ces mesures de salubrité qui ont été si profitables à notre Arrondissement. Vous nous serviez d'exemple, vous nous éclairiez de vos conseils, et nous ne savions ce qu'il fallait le plus admirer en vous, ou de votre science, ou de la modestie avec laquelle vous nous en ouvriez les trésors. Aujourd'hui, vous jouiriez enfin du bien que vous avez fait. Vous n'êtes plus; la tombe où vos cendres reposent, pourra seule recevoir l'expression de notre reconnaissance, en même temps qu'elle sera témoin de nos éternels regrets.

Ils ont dignement suivi l'exemple des Médecins, les Élèves qui sont venus à notre aide. Étrangers parmi nous, ils pouvaient nous quitter, ils pouvaient fuir le danger, abandonner une ville devenue si meurtrière à ses habitans, calmer, par un prompt retour, les alarmes de leur famille. Mais l'humanité parle, ils obéissent à sa voix; ils se joignent à nous, partagent nos travaux, et, grâce à leur coopération, le service est assuré, pour chaque instant du jour et de la nuit. Tout est prévu, tout, excepté les heures de repos. Tant que dureront les besoins, que les forces pourront y suffire, aucun malade ne restera sans secours.

Il fallait les voir, lorsque le peuple, saisi de terreur à la vue des morts presque subites dont il était le témoin, ignorant leur véritable cause, les rapportait à un vaste plan de destruction dirigé contre lui; lorsque des voix ennemies parlaient d'un poison répandu à dessein dans les alimens dont il fait usage ; lorsqu'on allait jusqu'à soupçonner les Médecins d'être complices de si horribles forfaits; il fallait les voir, calmes, tout entiers à leur mission, étudier les symptômes d'une maladie encore nouvelle pour eux, et sa marche rapide, et l'action des remèdes que nous avions employés. Pour eux, l'expérience a été prompte et fertile, et souvent leurs efforts ont été couronnés de succès.

Je pourrais enrichir mon discours du récit de leurs belles actions; vous raconter leurs veilles si actives, leurs fatigues si constamment soutenues; vous dire quelle sainte émulation régnait parmi eux; vous montrer ce qu'il y a de courage et de noblesse dans leur âme. Je pourrais vous indiquer quels étaient surtout les objets de leurs préférences; car les pauvres ont parlé, les pauvres, qui n'ont de trésor que la reconnaissance et la prière, ont béni mille fois ceux qui les avaient soulagés et nourris. Mais la bienfaisance a aussi sa pudeur : je ne veux pas soulever le voile dont s'enveloppe la modestie de nos jeunes confrères. Comme ils ont agi sans effort, comme ils n'ont fait que s'abandonner à l'impulsion de leurs sentimens généreux, ils repousseraient des éloges qu'ils ne croyent pas mériter.

Qu'elle est belle, la vertu qui grandit au milieu

des périls, qui s'élève au-dessus des obstacles, qui, pour servir le peuple, brave les menaces populaires, et que l'on retrouve ensuite modeste, douce et pure, s'ignorant elle-même, oubliant et les épreuves qu'elle a subies et les bienfaits qu'elle a répandus !

Que pourrais-je vous dire, Messieurs, qui ne soit au-dessous de ce que vous savez tous, si j'entreprenais de vous parler de cette réunion d'hommes pour lesquels les soins donnés aux pauvres sont une occupation de tous les jours, et qui, durant l'épidémie, ont su trouver des secours pour tant de misères ? Comment louer ces femmes courageuses qui allaient de maison en maison, distribuant les aumônes qu'elles avaient recueillies ou sollicitées, qui ne craignaient pas de se livrer aux travaux les plus pénibles, aux services les plus repoussans, qui, au milieu de la désolation générale, conservaient une âme disposée à tous les genres de sacrifices, qui, par leurs conseils, leurs instructions, leur exemple, préparaient les guérisons que nous avons eu le bonheur d'obtenir, et qui savaient inspirer à ceux pour lesquels notre art demeurait impuissant, un espoir qui les faisait vivre encore au-delà du tombeau ?

Mais qui pourrait rendre justice à tous les dévouemens, peindre la vertu sous toutes les formes qu'elle a prises ? Qui serait assez heureux pour donner à chacun le tribut de reconnaissance et d'éloge qu'il mérite ?

O ma patrie ! depuis long-temps la première des nations, par la culture des sciences et des arts, la plus grande par tes armes, la plus généreuse par ton hospitalité, la plus digne d'être libre, par tes mœurs et ta civilisation, sois fière de tes enfans : un fléau les a frappés, qui semblait devoir abattre leur courage, répandre parmi eux la désolation et la terreur, ne laisser de son terrible passage que des souvenirs de mort ; il les a trouvés prêts à tous les genres de sacrifices, l'excès du mal a fait briller en eux des vertus sublimes ; et si tant d'hommes illustres, ravis avant le temps, sont à jamais regrettables, la génération nouvelle, qui marche sur leurs traces, peut déjà se présenter avec orgueil à la postérité.

Lorsque cette lecture est terminée, M. le Président annonce que les personnes auxquelles des Médailles sont décernées, vont être appelées.

M. le Secrétaire se lève et dit :

Avant d'appeler les personnes auxquelles il va être décerné des Médailles, je dois faire mention d'une erreur commise au préjudice de

M. Bayonne, Étudiant en Médecine, l'un des Élèves les plus zélés du Poste Saint-Marcel. Le nom de M. Bayonne a été oublié sur la liste de présentation : c'est moi qui ai fait cet oubli. La Commission d'arrondissement a réclamé auprès de M. le Préfet de la Seine ; elle a tout lieu d'espérer qu'il sera fait droit à sa réclamation.

On procède ensuite à l'appel des personnes désignées, qui viennent recevoir leur Médaille des mains de M. le Président.

Liste

DES PERSONNES QUI ONT RENDU DES SERVICES SIGNALÉS AUX CHOLÉRIQUES,

Dans le 12ᵉ Arrondissement, pendant l'épidémie de l'année 1832.*

ALLARD, médecin.
ALI-HEIBAGH (Égyptien), élève en médecine.
ANDRY, *id.*
ANTHELME ✶, *id.*
ANTONIN, pharmacien.

---

* Le signe ✶ indique les personnes qui ont reçu la Médaille.

ARNOUX, élève en médecine.
AUBERT, *id.*
ASSIER, *id.*
ASSOLANT ✻, *id.*
D'AUBINE ✻, *id.*
AUDOUIN ✻, médecin.
BARBIEUX, élève en médecine.
BARJONA, médecin.
BARRIÈRE, *id.*
BARROILHET ✻, médecin.
BARROILHET fils, élève en médecine.
BEAUDIN, *id.*
BEAUMONT, *id.*
BELLET, pharmacien.
BELLEVUE ✻, élève en médecine.
BELLOC ✻, *id.*
BENOIT, *id.*
BÉRANGER, pharmacien.
BERNIER ✻, infirmier-major.
BIALÉ, officier de santé.
BLACHIER ✻, élève en médecine.
BLAISE ✻, infirmier-major.
BLANCHARD, élève en médecine.
BLONDEAU, membre de la Commission d'arrondissement, Doyen de l'École de Droit.
BOILLEY, élève en médecine.
BOISDUVAL ✻, médecin, membre de la Commission du quartier Saint-Marcel.
BOISSEL ✻, pharmacien, Maire-Adjoint, président de la Commission d'arrondissement.
BONNECARZ, étudiant en médecine.
BORDET, *id.*
BOUBEL, pharmacien.
BOUDARD, pharmacien.

BOULLET, élève en médecine.
BOUCHOT, id.
BOURJOT SAINT-HILAIRE ✲, médecin.
BOURSE ✲, médecin, membre de la Commission sanitaire du quartier Saint-Marcel.
BOUSTRA, élève en médecine.
DE BRANVILLE (Madame Camille) ✲.
DE BRANVILLE (Camille), membre de la Commission du quartier Saint-Marcel.
DE BRANVILLE (Eugène) ✲, id.
BRAVARD, élève en médecine.
BRÉARD ✲, id.
BRETTET ✲, id.
BRIZARD, médecin.
BROUSSAIS ✲, médecin, membre de la Commission d'arrondissement.
BROUSTRA ✲, élève en médecine.
CADILLON, id.
CANAT, id.
CANCALON, id.
CARBILLET ✲, médecin.
CARTERON, élève en médecine.
CÉRÉ ✲, id.
CERVEAUX, id.
CHAMPION, bienfaiteur des pauvres.
CHADRIN, élève en médecine.
CLAVERIE, id.
CLÉMENT ✲, médecin, président de la Commission sanitaire du quartier Saint-Marcel.
CLÉMENT, élève en médecine.
CLÉMENCEAU ✲, médecin, membre de la Commission sanitaire du quartier Saint-Jacques.
COCHAIN ✲, élève en médecine.
COINTET, médecin.

COMPÉRAT, élève en médecine
CONSTANT,   id.
CORBEL,   id.
CORDIER,   id.
COROT, pharmacien.
COYMES, élève en médecine.
COK,   id.
DAMARE, élève en médecine.
DAMICOURT,   id.
DANFERT,   id.
DARNEL,   id.
DEBORET,   id.
DECHAMBRE,   id.
DEFRESNE   id.
DELABARRE ✳, membre du Bureau de Bienfaisance, secrétaire de la Commission du quartier Saint-Jacques.
DELESTRE ✳, membre du Bureau de Bienfaisance, président de la Commission sanitaire du quartier de l'Observatoire.
DENIS, O, élève en médecine.
DEPAUL,   id.
DEPENNE,   id.
DEQUEST ✳,   id.
DEQUEVAUVILLER ✳, élève en médecine.
DESCURET ✳, médecin, membre de la Commission sanitaire du quartier de l'Observatoire.
DESFORGES, notable.
DEU, élève en médecine.
DEVAL ✳,   id.
DEVILLERS ✳, médecin, membre de la Commission sanitaire du quartier de l'Observatoire.
DEVILLERS ✳, élève en médecine.
DHEUR, membre de la Commission sanitaire du quartier Saint-Marcel.

DICK, élève en médecine.
DOBBÉ, id.
DORBIGNY ✻, id.
DORVILLE, id.
DUBARLE ✻, id.
DUBOIS ✻, medecin, membre de la Commission sanitaire du quartier du Jardin-du-Roi.
DUCASTEL, élève en médecine.
DUHOMME ✻, pharmacien.
DUMAS, membre de la Commission sanitaire du quartier de l'Observatoire.
DUMOUSTIER, officier de santé.
DUNAND ✻, élève en médecine.
DUREAU, id.
DUSONCHET, id.
DUVAL, id.
ÉPOIGNY, membre du Bureau de Bienfaisance.
ÉVRARD ✻, élève en médecine.
FÉRET, id.
FERNEX, id.
FEUILLADE, médecin.
FLOUCAUD, élève en médecine.
FOY ✻, médecin, membre de la Commission sanitaire du quartier du Jardin-du-Roi.
FRANÇOIS, élève en médecine.
FRANÇOIS, chef des bureaux de la 12e Mairie.
De FORCADE LA ROQUETTE (Madame), du Comité des Orphelins.
GAGNEBÉ ✻, élève en médecine.
GALLET, médecin.
GALTIER, id.
GALTIER ✻, sœur de la Charité : quartier de l'Observatoire.
GANDERAX, élève en médecine.

GAROZ, élève en médecine.
GAUBERT, médecin.
GENTILHOMME, membre du Bureau de Bienfaisance.
GEOFFROY SAINT-HILAIRE, membre de la Commission d'arrondissement.
GÉRARDIN, médecin, membre de la Commission sanitaire du quartier Saint-Marcel.
GILLES, membre de la Commission sanitaire du quartier du Jardin-du-Roi.
GIRARDIN.
GISCARD, élève en médecine.
GOUBEAU, élève en pharmacie.
GOURET, élève en médecine.
GRAND ✻,   id.
GRANVAL,   id.
GREMAND ✻,   id.
GRIMONPRÉ, agent-comptable du Bureau de Bienfaisance.
GRODARD ✻, élève en médecine.
GROGENT,   id.
GUERBOIS (Madame), du Comité des Orphelins.
GUESNARD, élève en médecine.
GUIBOUT, médecin.
GUICHENOT ✻, élève en médecine.
GUILLEBERT, médecin.
GUILLIER, docteur en médecine.
GUIOT, sœur de la Charité : quartier du Jardin-du-Roi.
HALLEZ, élève en médecine.
HÉLIE,   id.
HENCHARD, commissaire de police du quartier du Jardin-du-Roi.
HAUREGARD ✻, médecin, membre de la Commission sanitaire du quartier Sainr-Jacques.
HOUETTE (Madame), du Comité des Orphelins.

HULLEY, élève en médecine.

HUSSON, médecin, membre de la Commission d'arrondissement.

HUSSON ✺, chirurgien sous aide au Val-de-Grâce.

JARDIN, élève en pharmacie.

JARRIN, élève en médecine.

JOCCOTON, élève en médecine.

JONES ✺, élève en médecine.

JOSÉPHINE, sœur de charité : quartier Saint-Jacques.

JUGLARD, médecin.

JURIA, élève en médecine.

KOZLOWSKI, élève en médecine.

LABERNARDERIE, élève en médecine.

LABROUSSE, id.

LAFARGUE ✺, id.

LAMY ✺, id.

LAPAPE, id.

LAPEYRE, id.

LARIBETTE, id.

LATAUD, id.

LARROQUE ✺, id.

LAUGIER, chimiste, membre de la Commission d'arrondissement.

LEBOCQ, élève en médecine.

LE CŒUR ✺, id.

LECUYER ✺, id.

LEFOL, id.

LEJEUNE ✺, id.

LEMAIRE, id.

LEMOINE ✺, médecin.

LEMONNIER, élève en médecine.

LENOIR, id.

LEPÈRE, pharmacien.

LESSÈRE ✺, élève en médecine.

LEURET ✫, médecin, secrétaire de la Commission d'arrondissement.

LIEBERT, membre de la Commission sanitaire du quartier du Jardin-du-Roi.

LOUISE ✫, sœur de la charité : quartier Saint-Jacques.

LUSTREMAN ✫, chirurgien sous-aide au Val-de-Grâce.

MAGNE, médecin.

MAGNE, élève en médecine.

MALLITE, pharmacien, secrétaire de la Commission sanitaire du quartier du Jardin-du-Roi.

MANDAUX, élève en médecine.

MANEC ✫, chirurgien sous-aide au Val-de-Grâce.

MANGIN, élève en médecine.

MARIE, sœur de charité : quartier du Jardin-du-Roi.

MARTIN DE GIMARD, médecin.

MARTIN SAINT-ANGE ✫, médecin, président de la Commission sanitaire du quartier du Jardin-du-Roi.

MARYE ✫, médecin, membre de la Commission sanitaire du quartier Saint-Jacques.

MAUCUIT, élève en médecine.

MAUREL, pharmacien, membre de la Commission sanitaire du quartier Saint-Marcel.

MAYER ✫, sous aide au Val-de-Grâce.

MICHEL ✫, élève en médecine.

MIQUET ✫,   id.

MONASSOT   id.

MONCLA ✫, médecin.

MONCOUVRIER, id.

MONTREUIL, élève en médecine.

MOREL,   id.

MOURE,   id.

MOUTILLARD ✫, pharmacien, président de la Commission sanitaire du quartier Saint-Jacques.

MOZIN (Madame), du Comité des orphelins.

NAQUET, élève en médecine.
NEVE, id.
NOIRET, id.
NOLLETTE, id.
ORDINAIRE, id.
OZANNE, id.
PANCHAUD, id.
PARISEL ✶, id.
PATOUT, id.
PENET, id.
PETEL, id.
PETIT, id.
PERDUCET ✶, membre du Bureau de bienfaisance et de la Commission sanitaire du quartier Saint-Jacques.
PEYRUSSET, élève en médecine.
PHILIPEAUX ✶, id.
PICKELING, id.
PINEL, médecin.
PINEL, élève en médecine.
PIQUERES ✶, id.
POMMÉ, id.
POULAIN, pharmacien.
PREVOST ✶, élève en médecine.
PUYMAURIN, commissaire de police du quartier Saint-Marcel.
PY, médecin.
QUESNEL, id.
RECHARDET, élève en médecine.
REGIS-GALIBERT id.
REMOND ✶, id.
REGNAULT (Abel), élève en pharmacie.
RENAULT ✶, élève en médecine.
RENAUS-GRAVES, id.

RENDU (Madame) ✵, Sœur Rosalie, de la Charité ; quartier Saint-Marcel.
RENOND, élève en médecine.
RIANT, membre du Bureau de bienfaisance.
RIGAUD, médecin.
RINCHEVAL, élève en médecine.
ROBERT ✵, chirurgien sous-aide, au Val-de-Grâce.
ROBINSON, médecin.
ROGER ✵, aumônier de Notre-Dame-de-Pitié.
ROLAND, élève en médecine.
RONSIN, médecin.
ROUSSEAU ✵, médecin, membre de la Commission sanitaire; quartier du Jardin-du-Roi.
ROUSSET, (du Cher), médecin.
ROUSSET neveu,   id.
ROY, élève en médecine.
SAFFRAY,   id.
SALLÉ, pharmacien.
SALONNE ✵, médecin, membre de la Commission sanitaire ; quartier de l'Observatoire.
SARRAILLÉ aîné, officier de santé.
SARRAILLÉ jeune,   id.
SAVARY, membre du Bureau de bienfaisance.
DE LA SEGLIÈRE, élève en médecine
SELLIER,   id.
SEREUL DUMANOIR, médecin.
SEURAT, élève en médecine.
DE SMYTTÈRE, médecin secrétaire de la Commission sanitaire du quartier Saint-Marcel.
SOCQUET, élève en médecine.
SOEUR,   id.
SORBÉ,   id.
SOUPEY,   id.
SOYER (Madame) ✵, sœur de la Charité.
SPEIGEL, élève en médecine.
TABART (Stanislas), élève en pharmacie.

TASSIN ✻, élève en médecine.
THEBAUT, id.
THENET ✻, id.
TOLOZÉ (Madame de), du comité des orphelins.
TORON, élève en médecine.
TOULMONDE, id.
TRAPPE, médecin.
TREMERY ✻, membre de la Commission d'arrondissement.
TREMERY (Madame), du comité des orphelins.
VALLÉE, élève en médecine.
VALBRUNE, id.
VAN-BOCKSTALS, membre du Bureau de bienfaisance.
VEREGER, élève en médecine.
VERGNE ✻, id.
VERGNIEZ, médecin.
VESIN, élève en médecine.
VIGNES (Alphonse), id.
VIGNES (Jules), id.
VIREY, médecin
WALSH, élève en médecine.
WARENGUE, pharmacien.
WATRIN, membre du Bureau de bienfaisance.

Avant de terminer son Compte-Rendu, la Commission exprime sa vive reconnaissance à MM. les Médecins et Administrateurs des hôpitaux, pour les soins qu'ils ont donnés aux Cholériques de l'Arrondissement ; elle regrette de n'avoir pas eu de Médailles à décerner à ceux de MM. les Elèves qui ont fait un service si assidu et si pénible pendant toute la durée de l'épidémie, et croit qu'il est de son devoir de mentionner honorablement les personnes dont les noms suivent:

A l'Hôpital de la Pitié.

(Elèves en Médecine.)

MM. NONAT.	MM. LUCAS.
LAGER.	LABAT.
CAFFE.	GAUDRIE.
ANDRAL.	LEBAS.
GACHET.	DECHAMBRE.
DUGARRAY.	CREUSETON.
CAUSSAIL.	LAMANOS.
PEYROT.	LEBATARD.
BARTH.	FUENTE.
SAVY.	MURDOCH.
MERCIER.	DONNÉ.
AUBRY.	TESTOT-FERRY.
COURIARD.	LEDIBERDER.
BARBE.	TOSTAIN.
MESSAND.	GRESSIER.
LAURAY.	LALANNE.
FRICOURT.	BAVOUX.
BIALÉ.	

(Élèves en Pharmacie.)

MM. GRENIER.	MM. JORET.
MENARD.	BRÈS.
MIALHE.	POLLEAU dit François
JATTEAU.	LECOMTE aîné.
BERRUYER.	HOFFMANN.

A l'Hôpital du Midi.

(Élèves en Médecine.)

MM. DESIR.
PAULY.
CHAUDRU.
CHARCELLAY.
LAGARDE.
BELESSSORT.

MM. REY.
LE PILEUR.
RICHEBÉ.
LEJEUNE.
PAROT.
MONESTIER.

(Élèves en Pharmacie.)

MM. DUVAL.
NIVET.

M. INGRAND.

MALIGNON, *Commis aux entrées.*
LEFÈVRE, *Inspecteur.*
CHRISTILLE (Madame), *Surveillante.*

A l'Hospice de la Salpêtrière.

(Élèves en Médecine.)

MM. ALÈGRE ✻.
BERGEON ✻.
BEAU *.
BOTTU ✻.
NELLATON ✻.
ÉTOC ✻.
LEMASSON ✻.
BOYER.
BERTRAND.
TEILKARD.
BALHBEDAT.
DELAVAULT.
BOUDRI.

MM. JARRIN.
GARRIEL.
BRADEAU.
CERVEAU.
KEANE.
DURAND.
FORGET.
LANDRI.
PETEL.
DALY.
JACQUEMONT.
SAUVAGEOT.

* Le nom de M. BEAU a été oublié sur la liste de présentation pour les Médailles.

Hôpital Cochin.

(Médecins.)

MM. JADIOUX ✻.   M. GUERBOIS ✻.
BOUVIER ✻.

(Élèves en Médecine.)

MM. VIDECOQ.   M. DECERTAINE.
DAVAT.

www.ingramcontent.com/pod-product-compliance
Lightning Source LLC
Chambersburg PA
CBHW060509050426
42451CB00009B/900